BEI GRIN MACHT SICH IHR WISSEN BEZAHLT

- Wir veröffentlichen Ihre Hausarbeit,
  Bachelor- und Masterarbeit

- Ihr eigenes eBook und Buch -
  weltweit in allen wichtigen Shops

- Verdienen Sie an jedem Verkauf

Jetzt bei www.GRIN.com hochladen und kostenlos publizieren

Bibliografische Information der Deutschen Nationalbibliothek:

Die Deutsche Bibliothek verzeichnet diese Publikation in der Deutschen National-
bibliografie; detaillierte bibliografische Daten sind im Internet über http://dnb.d-
nb.de/ abrufbar.

Impressum:

Copyright © 2017 GRIN Verlag, Open Publishing GmbH
Druck und Bindung: Books on Demand GmbH, Norderstedt Germany
ISBN: 9783668598928

Dieses Buch bei GRIN:

https://www.grin.com/document/384873

Nathalie Serban

Schwarmintelligenz in der Tourenplanung

Konzeption und Umsetzung eines didaktischen Beispiels

GRIN Verlag

GRIN - Your knowledge has value

Der GRIN Verlag publiziert seit 1998 wissenschaftliche Arbeiten von Studenten, Hochschullehrern und anderen Akademikern als eBook und gedrucktes Buch. Die Verlagswebsite www.grin.com ist die ideale Plattform zur Veröffentlichung von Hausarbeiten, Abschlussarbeiten, wissenschaftlichen Aufsätzen, Dissertationen und Fachbüchern.

Besuchen Sie uns im Internet:

http://www.grin.com/

http://www.facebook.com/grincom

http://www.twitter.com/grin_com

Studiengang: Wirtschaftsinformatik & E-Business

Projektarbeit

Schwarmintelligenz in der Tourenplanung: Konzeption und Umsetzung eines didaktischen Beispiels

Verfasst von: Nathalie Serban

Abgabedatum: 31.05.2017

Bearbeitungszeit: Zwei Monate

Inhaltsverzeichnis

Abkürzungsverzeichnis

ACO   Ant Colony Optimization
ACS   Ant Colony System
AS   Ant System
TSP   Travelling Salesman Problem

Symbolverzeichnis

p	Verdunstungsfaktor der Pheromone
n	Anzahl der Knoten
m	Gesamtzahl an Ameisen
k	Nummer einer Ameise (A-te Ameise)
t	Iteration/Durchlauf
t_{max}	Maximale Anzahl an Iterationen/Durchläufen einer Ameise
$\Delta\tau_{ij}^{\mu}$	Pheromon-Update-Regel der besten Ameisen
$\Delta\tau_{ij}^{k}(t)$	Pheromon-Update-Regel
$\Delta\tau_{ij}(t)$	Gesamte Pheromonmenge, die in der Iteration t zu der Kante (ij) hinzugefügt wird
$p_{ij}^{k}(t)$	Übergangswahrscheinlichkeit von Knoten i zu Knoten j
τ_{ij}	Pheromonmenge auf der Kante (i,j), bzw. globale Information auf der Kante(i,j)
N_i^k	Nachbarschaft der Ameise k von Knoten i
J_t^k	Liste der bereits besuchten Knoten (Tabu-Liste)
τ_0	Initiale Pheromonmenge auf allen Kanten
q	Zufallszahl zwischen 0 und 1
q_0	Parameter der Übergangsregel in ACS
i	Ausgangsknoten
j	Nächster Knoten (Nachbarknoten von i)
$L*$	Kürzeste Tour
Q	Heuristisch ermittelte, optimale Länge einer Tour
α	Relative Gewichtung der Pheromonspuren (globale Information)
β	Relative Gewichtung der lokalen Information
ε	Fixwert im Definitionsbereich [0,1]
ψ	Rang einer Ameise

Abbildungsverzeichnis

1   Einleitung

1.1   Problemstellung

Im Zuge zunehmenden Wettbewerbsdrucks auf Lieferantenmärken rückt ein Gebiet der kombinatorischen Optimierungsprobleme immer mehr in den Fokus der Forschung: die Klasse der Tourenplanungsprobleme. Gegenstand der Tourenplanung ist die Aufgabe, Touren zu geografisch verteilten Kunden nach bestimmten Zielvorgaben (z.b. kostenminimal) zu bestimmen.

Eines der bekanntesten kombinatorischen Optimierungsprobleme stellt das Problem des Handlungsreisenden (engl.: Travelling Salesman Problem (kurz: TSP)) dar. Ein Handlungsreisender soll in einer Rundreise (kurz: Tour) n vorgegebene Städte besuchen. Er startet dazu in einer dieser Städte, besucht nacheinander einmalig die übrigen Städte und kehrt schlussendlich zu der Anfangsstadt zurück. Es gilt dabei, die Tour mit minimaler Gesamtlänge zu finden. Die Zahl aller möglichen Rundreisen wächst mit der Städteanzahl n sehr rasch. Sind von einem Depot aus beispielsweise nur neun Städte anzufahren (n=10), so sind hier schon zur exakten Lösung 181.440[1] Touren zu berechnen. Es ist somit erkenntlich, dass optimale Lösungen, z.b. durch vollständige Enumeration[2], bei einer realistischen Größenordnung von täglich hunderten von Transportaufträgen mit vertretbarem Rechenaufwand nicht möglich sind. Geeignete Verfahren zur Lösung des Problems stellen daher beispielsweise approximierende Algorithmen bzw. Heuristiken dar. Es handelt sich bei Heuristiken um Algorithmen, die häufig gute[3], wenn auch nicht exakte, jedoch annähernd optimale Lösungen in annehmbarer Rechenzeit hervorbringen. In den letzten beiden Jahrzehnten zeigte sich ein verstärktes Interesse an Verfahren, die von der Natur inspiriert sind. In Bezug auf das Travelling Salesman Problem wurde ein Phänomen bei Ameisenkolonien betrachtet und erforscht. In der Kolonie finden Ameisen stets den kürzesten Weg von ihrem Nest zu der Futterquelle, obwohl sie stark eingeschränkte visuelle Fähigkeiten[4] besitzen. Das Phänomen ist auf der indirekten Kommunikation unter den Ameisen zu begründen, denn die Tiere hinterlassen auf ihrem Weg einen Duftstoff[5], den die anderen Ameisen wahrnehmen und so dem Weg fol-

---

[1] Formel: (n-1)! /2
[2] D.h. durch Ausprobieren aller Elemente des Suchraums.
[3] Vgl. Rückel B. (2014), S.3
[4] Vgl. Kruse et al. (2015), S.259
[5] Vgl. Nöllke M. (2008), S.283

gen. Dadurch, dass die Duftmenge durch jede Ameise, die dem Weg folgt, akkumuliert, verringert sich die Wahrscheinlichkeit für die Wahl eines alternativen Pfades der Ameisen und die kürzeste Strecke etabliert sich.

1.2   Zielsetzung dieser Arbeit

Das Ziel der folgenden Arbeit ist es, eine Konzeption und die dazugehörige Umsetzung eines didaktischen Beispiels für den Einsatz eines schwarmbasierten Algorithmus in der Tourenplanung zu erstellen. Um dieses Ziel zu erreichen, wird der Ameisenalgorithmus untersucht

und in einem Beispiel mit selbst definierten Parameterwerten modelliert. Anschließend wird der Algorithmus mittels einer geeigneten Software implementiert; dabei bilden die Parameterwerte aus dem erstellten Modell die Inputdaten.

Die grundlegende Fragestellung dieser Arbeit ist die Möglichkeit, Optimierungsmethoden durch das Verfahren aus der Natur analog auf das Travelling Salesman Problem anzuwenden. Das Verhalten der Ameisen bei der Futtersuche ist hierbei Gegenstand der Untersuchung. Eine wichtige Frage ist dabei ist zum einen die Umsetzung der natürlichen Begebenheiten in einen Algorithmus, die es zu erörtern gilt. Zum anderen soll eruiert werden, warum sich das Travelling Salesman Problem als gutes Anwendungsbeispiel für den Einsatz des Ameisenalgorithmus herausstellt. In einem didaktischen Beispiel wird die Performance des Algorithmus bewertet, sodass als Ergebnis dieser Arbeit die Vorstellung, Konzeption, Umsetzung und Evaluation des Ameisenalgorithmus herauskommt.

2   Futtersuche bei natürlichen Ameisen

Ameisen weisen ein komplexes soziales Verhalten auf, welches die Menschen seit Jahrzehnten fasziniert. Das wahrscheinlich am meist betrachtete Phänomen ist die Entstehung einer sogenannten Ameisenstraße. Als Individuen sind Ameisen relativ eingeschränkt in ihren kognitiven Fähigkeiten. In der Gruppe können sie sich allerdings so gut organisieren, dass selbst komplexe Probleme wie die Futtersuche schnell zu lösen sind. Die Komplexität des Verhaltens entsteht nicht etwa auf der Ebene des Individuums, sondern erst durch die lokale Interaktion zwischen den Individuen und ihrer Umwelt: Was eine einzelne Ameise nicht bewerkstelligen kann, wird durch die sogenannte „Schwarmintelligenz" möglich. Interessant ist die Fähigkeit der Ameisen stets den kürzesten Weg zur Futterquelle zu finden.[6] Biologen haben durch Experimente aufgezeigt, dass dieses Phänomen durch die Kommunikation zwischen den Ameisen, basierend ausschließlich auf den Pheromonen (griech.$\phi\varepsilon\rho\varepsilon\upsilon$: tragen, ausüben $\sigma\rho\mu\eta$: Antrieb) zustande kommt.[7] Dabei handelt es sich um einen chemischen Geruchsstoff, welchen Ameisen ausstoßen und wahrnehmen können. Dieses Prinzip wird auch *Stigmergie* (engl. Stigmergy) genannt, d.h. zur Wegesuche kommunizieren Ameisen ausschließlich indirekt über die Pheromonablagerungen.[8]

Im Folgenden wird auf das Phänomen des kürzesten Weges eingegangen und anhand eines Beispiels das Prinzip der Pheromone erläutert.

Das Doppelbrücken-Experiment (engl. Double – Bridge – Experiment)

Auf der Suche nach Nahrung hinterlässt jede Ameise ihren individuellen Duftpfad. Folglich erschließen die Ameisen im Kollektiv ein für das Auge unsichtbares Netz an möglichen Strecken zur Futterquelle. Wie sich aus der Anzahl der möglichen Strecken schlussendlich der kürzeste Weg zur Futterquelle herausbildet, wurde in dem sogenannten „Doppelbrücken-Experiment"[9] anhand der argentinischen Ameise Linepithema humile untersucht. Bei dem Experiment wurde ein Ameisennest und eine weiterliegende Futterquelle angebracht, die ausschließlich über zwei Brücken zu erreichen ist, wobei eine der beiden Brücken deutlich kürzer ist (siehe Abbildung 1).

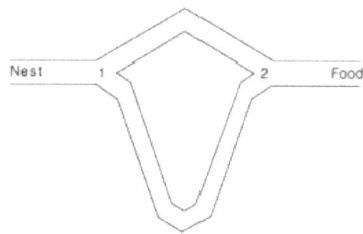

Abbildung 1: Doppelbrücken – Experiment, mit zwei unterschiedlich langen Wegen zur Futterquelle (Quelle: Dorigo, M.; Stützle, T. (2004), S.3)

---

[6] Goss, S.; Aron, S.; Deneubourg, J. L.; Pasteels, J. M. (1989), S.579-581
[7] Bonabeau, E.; Dorigo, M.; Theraulaz, G. (1999), S.26
[8] Vgl. Kruse et al. (2015), S.229
[9] Goss, S.; Aron, S.; Deneubourg, J. L.; Pasteels, J. M. (1989)

Nacheinander verlassen die Ameisen nun das Nest. Da die Ameisen praktisch blind[10] sind, können sie nicht erkennen, welcher der beiden Strecken kürzer ist und wählen somit anfangs zufällig und mit der gleichen Wahrscheinlichkeit einen der beiden Wege aus, da noch keine Pheromone vorhanden sind. Jeder Weg wird von den Ameisen mit Pheromonen markiert; die Ameisen, welche die kürzere Strecke wählen, sind schneller an der Futterquelle und treten früher den Rückweg zum Nest an. Dadurch befindet sich auf dem kürzeren Weg eine erhöhte Menge des Pheromons, da dieser doppelt beim Hin- und Rückweg der Ameisen begangen wird. Die höhere Menge an Pheromonen führt dazu, dass sich eine höhere Zahl an Ameisen für diesen Weg entscheiden. Das bedeutet, dass nach kurzer Zeit aufgrund der indirekten Kommunikation durch die Pheromone mit hoher Wahrscheinlichkeit nur noch der kürzere Weg zur Futterquelle gewählt wird. Das Prinzip wird auch *Autokatalyse* genannt: Je mehr Pheromon bereits auf einem Weg vorzufinden ist, desto mehr Ameisen wählen diesen Weg; je mehr Ameisen einem Weg folgen, desto mehr Pheromon wird auf ihm abgelegt.[11]

Die Pheromone haben dabei eine entscheidende Eigenschaft: Sie verdampfen mit der Zeit, was mit dem Begriff *Evaporation* bezeichnet wird. Das heißt, auch wenn anfangs nur ein Teil der Ameisen dem kürzesten Pfad folgt und mehrere Ameisen zunächst auf einem längeren Pfad bleiben, wird der kürzeste Pfad im Laufe der Zeit immer mehr Ameisen anlocken[12]. Einige Ameisen folgen trotz der Spuren des Pheromons alternativen Wegen, was das Erforschen von neuen Wegen sicherstellt. Das Ergebnis in Abbildung 2 lässt jedoch erkennen, dass der Großteil (80-100%) der Ameisen sich für den kürzeren Weg zur Futterquelle entscheidet.

---

[10] Die verschiedenen Ameisenarten sind sehr unterschiedlich mit Sehorganen ausgestattet. Der Großteil besitzt sehr zurückgebildete Sehorgane, die lediglich zur Wahrnehmung von Helligkeitsunterschieden oder Bewegung in der Natur genutzt werden. Einige Arten kommen ohne jegliche Sehorgane aus. Die Futtersuche funktioniert aber bei allen nach demselben Muster. Vgl. Sinnesorgane (Überblick) – Ameisenwiki 2015

[11] Vgl. Kruse et al. (2011), S.260

[12] Vgl. Gerdes et al. (2004), S.29

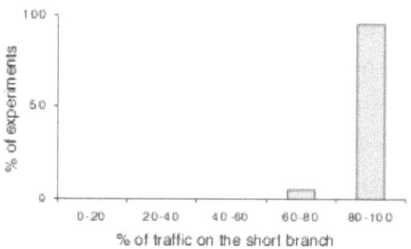

Abbildung 2: Ergebnisse des Doppelbrücken-Experiments, wobei ein Weg von dem Nest zur Futterquelle doppelt so lang ist als der andere Weg (Quelle: Dorigo, M.; Stützle, T. (2004), S.3)

3   Travelling Salesman Problem

Inspiriert von dem Experiment von Goss et al[13]., konzipierte Marco Dorigo et al. 1991 eine Heuristik zum Lösen des Travelling Salesman Problems. Informal lässt sich das TSP folgendermaßen definieren: Ein Kaufmann möchte n unterschiedliche Städte bereisen und dabei jede Stadt einmal besuchen, es gilt die kürzeste Strecke zwischen den Städten zu finden.[14] Das Problem wird anhand eines Graphen dargestellt, wobei die Städte als Knoten und die Strecken zwischen ihnen als Kanten definiert sind. Dorigo war der Erste[15], welcher das Schema der Futtersuche bei Ameisen auf ein klassisches, kombinatorisches Optimierungsproblem übertrug. Bei dieser Art von Optimierungsproblemen entstehen die Lösungen durch Kombinieren und Reihen von Lösungselementen.[16] Ferner handelt es sich bei dem Travelling Salesman Problem um ein NP-hartes Problem. Die Komplexität eines NP-harten Problems wächst mit der Anzahl der zu untersuchenden Elemente exponentiell[17], d.h. dass bei einer Bildung von Reihenfolgen für n Elemente n! verschiedene Möglichkeiten existieren. Da schon mittlere Rechenprobleme für die exakte Berechnung die zur Verfügung stehende Rechenzeit übersteigt, wird meist nicht nach der besten Lösung, sondern nach einer möglichst guten Annäherung mittels einer Heuristik gesucht. Ameisenalgorithmen sind den Metaheuristiken zuzuordnen und scheinen daher für das NP-harte Problem des Travelling Sales-

---

[13] Goss, S.; Aron, S.; Deneubourg, J. L.; Pasteels, J. M. (1989)
[14] Vgl. Büsing, C. (2010), S.78
[15] Vgl. Zülch, G. (2010), S.231
[16] Vgl. com (2017)
[17] Focke, A. (2006), S.176

man bestens geeignet. Diesem Anwendungsbeispiel liegt eine vollständige Strukturbeschreibung bezüglich der Lage und Anzahl der zu besuchenden Städte sowie die Entfernungen zwischen ihnen zugrunde. Diese Struktur kann damit problemlos in ein Graphenmodell umgesetzt werden. Dorigo et al. nannten darüber hinaus weitere Gründe, warum sie sich für das TSP zur Untersuchung entschieden haben:

- Es handelt sich um ein „Shortest Path Problem"[18], weshalb das Vorgehen in Ameisenkolonien leicht zu adaptieren ist.

- Es wurde intensiv erforscht, weshalb es viele Testszenarien mit vergleichbaren Werten gibt.

- Es ist ein didaktisches Problem, was Selbiges einfach zu verstehen macht [19]

Da Dorigo et al. unter anderem einen wesentlichen Einfluss zur Entstehung und Entwicklung von Ameisenalgorithmen beigetragen haben, wird im Folgenden auf deren Literatur, insbesondere auf das Buch „Swarm Intelligence: From Nature to Artificial Systems", Bezug genommen.

4   Ameisenalgorithmen

Wie aus dem in Kapitel zwei geschilderten Ameisenverhaltens bei der Futtersuche hervorgeht, führt die kollektive Lösungsstrategie nach einiger Zeit zu einem kürzesten Pfad. Diese Beobachtung erweckte das Interesse im Hinblick auf die möglich erscheinende Erstellung eines Optimierungsverfahrens. Das von Dorigo et al. entworfene Ant System (AS) stellt dabei den einfachsten Algorithmus nach dem natürlichen Vorbild dar. Neben diesem wird im Folgenden auch der Algorithmus Ant Colony System (ACS) vorgestellt, der eine Erweiterung des AS darstellt. Der Begriff „Ant Colony Optimization" (kurz: ACO) bezeichnet dabei jede Variante eines Ameisenalgorithmus. Künstliche Ameisen werden bei ACO Algorithmen ihren natürlichen Vorbildern nachempfunden. Um eine eindeutige Unterscheidung zwischen natürlicher und künstlicher Ameisen zu erhalten, werden die künstlichen Ameisen im Folgenden mit dem Begriff „Ant" betitelt.

Zunächst wird ein Modell für künstliche Ameisen vorgestellt, das die Basis für die vorgestellten Algorithmen liefert.

---

[18] D.h. auch hier wird der kürzeste Weg gesucht
[19] Bonabeau, E.; Dorigo, M.; Theraulaz, G (1999)., S.40

4.1   Ant System (AS)

Im Folgenden wird von einem Modell ausgegangen, das bestimmte vordefinierte Strecken der Ants abbildet, und sich somit von dem natürlichen Vorbild unterscheidet, bei dem die Strecken willkürlich begangen werden können. Abgebildet wird das Modell durch einen Graphen, der aus Knoten und Kanten besteht. Die Stationen eines Weges werden als Knoten bezeichnet; durch Kanten werden diese wiederum miteinander verbunden.

Zudem wird von einem nicht gerichteten Graphen ausgegangen. Bei einem nicht gerichteten Graphen entspricht die Distanz von Knoten i zu Knoten j immer auch der Distanz des umgekehrten Weges von Knoten j zu Knoten i, im Gegensatz zu einem gerichteten Graphen, bei welchem die Distanz der Strecke von Knoten i zu Knoten j unterschiedliche Werte im umgekehrten Fall aufweisen kann. Im Falle eines gerichteten Graphen, handelt es sich um ein symmetrisches TSP. Mit dem Ant System können Probleme beider Fälle gelöst werden. Im Folgenden wird der Verständlichkeit halber ein nicht gerichteter Graph betrachtet.

Die Entfernung von einem Ausgangsknoten i zu Knoten j wird mit dij angegeben, dabei stellt dij die Gewichtung der einzelnen Kanten dar. Die Anzahl der Ameisen wird mit m definiert. Abhängig von der Art des Ameisenalgorithmus sollte die Anzahl der gewählten Ameisen beim symmetrischen TSP nach Dorigo et al. genau der Anzahl der Städte n entsprechen.[20] Die Ants haben die Aufgabe eine vollständige Tour durch die Städte (Knoten) zu konstruieren. Dazu starten sie an einem Knoten und laufen nacheinander die Knoten ab, bis alle Knoten genau einmal besucht wurden. Wenn alle Ants ihre Tour beendet haben, endet eine Iteration. Die Variable t_{max} legt fest, wie viele Iterationen (t) durchlaufen werden, bis der Algorithmus beendet ist.

---

[20] Bonabeau, E.; Dorigo, M.; Theraulaz, G.(1999), S.44

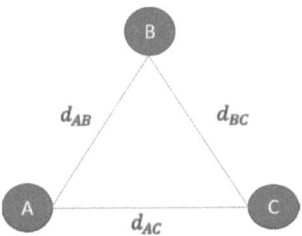

Abbildung 3: Beispiel eines ungerichteten Graphen, wobei dij, die Distanz von Knoten i zu Knoten j angibt (Quelle: Eigene Darstellung)

Für jede Ant gelten bei dem Übergang von Knoten i zu Knoten j drei Restriktionen:

- **Tabuliste**: Eine Ameise darf jeden Knoten nur einmal besuchen. Eine Ameise muss sich also merken, an welchem Knoten sie bereits gewesen ist. Um diese Restriktion zu implementieren, gibt es für jede Ameise k und jeden Knoten i eine Liste (*Tabu-Liste*) J_t^k, die alle Knoten i enthält, die von einer Ameise k in der aktuellen Iteration noch nicht besucht worden sind.

- **Sichtbarkeit:** Ist die Ameise an einen Knoten i gelangt, stellt sich die Frage, zu welchem Knoten j sie als nächstes wandert. Die Ameise hat dabei Kenntnis darüber, welcher Knoten j die kürzeste Entfernung zu ihrem derzeitigen Knoten i besitzt. Dies setzt voraus, wie bereits erwähnt, dass die Länge der Kanten bekannt ist. Diese lokale Information wird als „heuristic desirability" (η_{ij})[21] bezeichnet, und entspricht der inversen Distanz zwischen den Städten $(\frac{1}{d_{ij}})$. Die Auswahlwahrscheinlichkeit für einen betreffenden Knoten j erhöht sich somit bei einer geringen Distanz. Diese lokale Information über das Wissen des nächstgelegenen Knotens wird als statisch betrachtet, da sie sich im Laufe des Problemlösungsprozesses nicht verändert.

- **Pheromonverteilung:** Neben der lokalen Information gibt es auch die globale Information, die in Form der Pheromonmenge $\tau_{ij}(t)$ der Kante (i,j) in der Tour t dargestellt wird. Im Gegensatz zur lokalen Information ist die globale Information dynamisch, da sie sich im Laufe der Iterationen verändert. Sie repräsentiert

---

[21] Bonabeau, E.; Dorigo, M.; Theraulaz (1999), S.42

die Erfahrungen der Ameisen. Die Pheromonverteilung wird beeinflusst von der bisherigen Wegwahl der Ameisen, gleichzeitig beeinflusst sie die zukünftige Wahl der Wege.

In Abbildung 4 ist eine Ameise an dem Knoten i angekommen und wählt den nächsten Knoten mittels der Funktion aus dem Pheromonwert auf der Kante τ_{ij} und dem heuristischen Wert η_{ij} für den Knoten j. Dies gilt analog für die Knoten g und k.

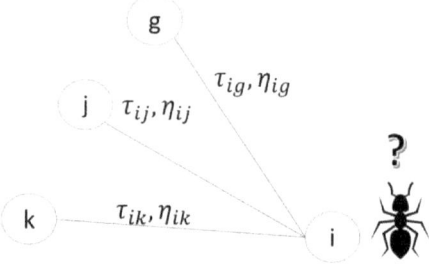

Abbildung 4: Wahrscheinlichkeit zur Auswahl des nächsten Knotens (Quelle: Eigene Darstellung, in Anlehnung an Dorigo, M.; Stützle, T. (2004), S.67)

Mittels der **Übergangswahrscheinlichkeit** kann errechnet werden, mit welcher Wahrscheinlichkeit die Ameise k von dem Knoten i zum Knoten j in der t-ten Tour wandert:

$$p_{ij}^k(t) = \frac{[\tau_{ij}(t)]^{\alpha} * [\eta_{ij}]^{\beta}}{\sum_{l \in J_i^k} \left([\tau_{ij}(t)]^{\alpha} * [\eta_{ij}]^{\beta}\right)}$$

Formel 1:Übergangswahrscheinlichkeit von Knoten i zu Knoten j, Ant System (Quelle: Dorigo, M.; Stützle, T. (2004)), S.70)

Diese Formel kann nur angewendet werden, wenn j in der Tabu-Liste J_i^k enthalten ist und somit der Knoten j noch nicht besucht wurde. Die Variablen α und β stellen die Einflussgröße von lokaler sowie globaler Information dar, und können im Algorithmus frei gewählt werden. α stellt die globale Information dar. Ist $\alpha = 0$ bedeutet dies, dass keine Erfahrungswerte, in Form von Pheromonen, vorliegen. Ist hingegen die lokale Information $\beta = 0$, entscheiden ausschließlich Erfahrungswerte die Wahl des nächsten Knotens, die lokale Information hingegen wird vollständig außer Acht gelassen.

Daraus würde resultieren, dass die Tour als Lösung betrachtet wird, welche am häufigsten benutzt wurde, was aber nicht in jedem Fall heißt, dass diese Tour auch gleichzeitig die optimale Lösung darstellt. Wurden Touren anfangs nicht genutzt, würden diese bei der Wahl endgültig vernachlässigt und die Lösungen könnten sehr schnell zu einer nicht optimalen Lösung konvergieren; die Exploration neuer Wege wird verhindert. Mit der Wahl des Verhältnisses von α und β soll dem beschriebenen Problem entgegengewirkt werden.

Mit der Übergangsregel wird nicht immer der Knoten gewählt, der bezüglich lokaler und globaler Information als der beste erscheint, die Ameisen können aufgrund der Wahrscheinlichkeitsverteilung auch Knoten mit auf dem ersten Blick niedriger Qualität wählen. Dadurch wird es möglich neue, auf die gesamte Tour bezogene sowie, kürzere Wege zu finden.

Ant System: Pheromon- Update-Regel

Neben dem Verhältnis von α und β ist auch die Pheromon-Update-Regel für den Algorithmus von Bedeutung.

Eine Ameise hinterlässt auf der beschrittenen Kante (i,j) eine gewisse Menge an Pheromonen $\Delta \tau_{ij}(t)$. Die Menge an Pheromonen hängt von der Qualität der Lösung ab.

$$\Delta \tau_{ij}(t) = \frac{Q}{L_k(t)}$$

L_k gibt die Länge der Tour t der Ameise k an. Q bezeichnet ein Parameter, dessen Wert möglichst nahe an der optimalen Länge der Tour liegen soll. Q wird daher vorab mittels einer heuristischen Methode ermittelt. Ist eine Kante (i,j) nicht in einer Tour t der Ameise k enthalten, so gilt $\Delta \tau_{ij}(t) = 0$.

Die **Pheromon – Update – Regel** lautet:[22]

$$\tau_{ij}(t) \leftarrow (1-p) \cdot \tau_{ij}(t) + \Delta\tau_{ij}(t)$$

Formel 2: Pheromon-Update-Regel, Ant System

---

[22] Bonabeau, E.; Dorigo, M.; Theraulaz, G. (1999), S.43

ρ gibt einen Faktor von 0 bis 1 für die Verflüchtigung der Pheromone[23] nach jeder Iteration an. Ein unbegrenztes Wachstum von Pheromonen auf einem Pfad wird so entgegengewirkt. Damit wird das Erforschen neuer Wege gefördert, und die Wahrscheinlichkeit, dass die Lösung in einer nicht optimalen Route stagniert, verringert.

Die Pheromon – Update – Regel besagt zum Einen durch den Verdunstungsfaktor, wie lange das Pheromon wirken soll, zum anderen wird die Intensität der Qualität der Lösung bestimmt. Initialisiert werden die einzelnen Kanten mit einem kleinen, positiven Wert *To,* was impliziert, dass zum Zeitpunkt t = 0 eine homogene Verteilung der Pheromone vorliegt.

---

[23] Analog zum Begriff „Evaporation" aus der Natur

Ant System (AS-TSP) – Der Algorithmus

```
/* Initialisierung */
For each Kante (i, j)
    τᵢⱼ = τ₀
End For
L⁺ = -1            //es gibt noch keine minimale Tourlänge

/* Hauptschleife */
For t = 1 to tₘₐₓ
    Fülle die Liste Jₗᵏ für alle Ameisen k und alle Knoten l

    /* Für jede Ameise eine Tour finden */
    For k = 1 to m
        Knoten i = Anfangsknoten
        Tᵏ besteht nur aus dem Anfangsknoten
        While Knoten i not = Endknoten
            Wähle den nächsten Knoten j mit der Wahrscheinlichkeit
```

$$p_{ij}^k = \frac{[\tau_{ij}]^\alpha \cdot [\eta_{ij}]^\beta}{\sum_{l\in J_i^k}\left([\tau_{il}]^\alpha \cdot [\eta_{il}]^\beta\right)},$$

```
            wobei der Knoten j in Jᵢᵏ enthalten sein muss.

            Aktualisiere die Liste Jᵢᵏ

            Füge den Knoten j zu Tᵏ hinzu
            Knoten i = Knoten j
        End While
    End For

    /* Tourlänge berechnen und kürzeste Tour bzw. deren Länge auf T⁺ und L⁺
    speichern*/
    For k = 1 to m
        Berechne die Tourlänge Lᵏ der Tour Tᵏ der Ameise k
        If Lᵏ < L⁺ oder L⁺ = -1 then
            Aktualisiere T⁺ und L⁺
        End if
    End For

    /* Pheromonspur aktualisieren */
    For each Kante (i, j)
        Berechne die neue Menge an Pheromonen laut der Pheromon-
        Update-Regel:
```

$$\tau_{ij} \leftarrow (1-\rho)\cdot\tau_{ij}+\Delta\tau_{ij},$$

```
        wobei
```

$$\Delta\tau_{ij} = \sum_{k=1}^{m}\Delta\tau_{ij}^k$$

```
        und
```

$$\Delta\tau_{ij}^k = Q/L^k,$$

```
        wenn die Kante (i, j) in der Tour Tᵏ enthalten ist, andernfalls ist
```
$$\Delta\tau_{ij}^k = 0.$$
```
    End for
End for

Print die kürzeste Tour T⁺ mit ihrer Länge L⁺
```

Abbildung 5: Ant System Algorithmus zur Lösung des TSP (Quelle: Focke, A. (2006), S.164, in Anlehnung an: Bonabeau, Dorigo und Theraulaz (1999), S. 45)

Beginnend mit der Initialisierungsphase des Algorithmus, wird in einer Schleife jeder Kante die gleiche Menge an Pheromonen τ zugewiesen. Des Weiteren wird L* der Wert -1 zugewiesen, um darzustellen, dass momentan noch keine minimale Tour existiert. In der Hauptschleife suchen alle Ameisen mittels der Übergangsregel ihre Tour und speichern sie τ^k. Eine Hauptschleife steht für eine Iteration und wird $\tau_{max} - mal$ durchgeführt. Sind die Touren ermittelt, erfolgt der zweite Teil. Dabei wird die Güte der Lösungen bestimmt und die Pheromonverteilung entsprechend angepasst. Die jeweils beste Lösung wird gespeichert. Nach τ_{max} Iterationen wird die kürzeste Tour mit der Länge L* ausgegeben.

4.2   Ant Colony System (ACS)

Für kleindimensionale Probleme liefert AS eine gute Lösung in vertretbarer Rechenzeit, erhöht man jedoch die Anzahl der Knoten und Kanten, erzielt AS meist schlechtere Ergebnisse im Vergleich zu z.B. Genetische Algorithmen.[24] Ant Colony System (ACS) stellt eine Weiterentwicklung des vorgestellten Ant System (AS) dar. Der neue Algorithmus wurde dabei dahingehend verbessert, dass auch bei größeren Traveling Salesman Problemen ähnlich gute Leistungsergebnisse erzielt werden, wie es für kleinere Probleme bei AS bekannt ist. Dafür wurden einige Erweiterungen eingeführt, die im Folgenden näher erläutert werden.

Unterschiede zu Ant System (AS)

Die erste Veränderung betrifft die Übergangsregel der einzelnen Ameisen. Wurde bei AS eine probabilistische Entscheidung getroffen, die von dem relativen Gewicht der einzelnen Kanten beeinflusst wurde, so gibt es bei ACS zwei mögliche Vorgehensweisen zur Entscheidungsfindung der Kanten.

Eine davon ist, die bisherige Erfahrung zu nutzen, um genau den Knoten *j* zu wählen, bei dem die lokale und globale Information zusammen den größten Nutzen erbringt. Dadurch wird jedoch das Erforschen neuer Wege verhindert, da die Wahrscheinlichkeitsverteilung auf den Kanten in diesem Fall nicht berücksichtigt wird.

Die zweite Möglichkeit ist der Entscheidungsfindung von AS sehr ähnlich. Auch hier steigt die Wahrscheinlichkeit des Auswählens eines Knotens j proportional zum Nutzen der globalen und lokalen Information, was das Erforschen neuer Wege sicherstellt.

---

[24] Vgl. Focke, A.(2006), S.164

Es wird zufällig bestimmt, welche der beiden möglichen Vorgehensweisen zur Entscheidungsfindung verwendet wird, wobei die Häufigkeitsverteilung durch den Parameter q_0 festgelegt wird.

Die **Übergangsregel bei ACS** lautet formal:

$$j = \begin{cases} arg\ max_{l \in J_i^k}\left\{\left[[\tau_{ij}(t)]\cdot[\eta_{ij}]^\beta\right]\right\}, & wenn\ q \leq q_0 \\ \Psi & wenn\ q > q_0 \end{cases}$$

Formel 3: Übergangsregel zu Knoten j, Ant Colony System

q stellt dabei eine Zufallsvariable dar, die im Intervall $[0,1]$ mit homogen verteilter Wahrscheinlichkeit gezogen wird. Die Variable q wird nach jeder Iteration neu bestimmt, der Parameter $q0$ wird zu Beginn des Algorithmus festgelegt. Ψ stellt einen Knoten dar, welcher zufällig ausgewählt wird.

Ist die gezogene Zufallsvariable q kleiner oder gleich dem Parameter $q0$, so wird der derjenige Weg sij gewählt, dessen relatives Gewicht am höchsten ist. Ist $q > q0$ wird, analog zu der Übergangsregel bei AS das Erforschen neuer Wege unterstützt. Es wird also aus allen Wegen zu den Nachbarknoten ein Weg zufällig ausgewählt, wobei jedem Weg eine relative Wahrscheinlichkeit gemäß *Formel 1* zugeordnet ist.

Die zweite Veränderung gegenüber AS betrifft die Pheromonausschüttung. Bei ACS darf, im Gegensatz zu AS, nur diejenige Ameise eine Pheromonspur legen, die bisher die beste Lösung gefunden hat. Das bedeutet, dass in jeder Iteration genau eine Ameise eine, dafür umso stärkere, Pheromonspur legt. Es werden also nicht alle Kanten bestreut, sondern nur jene, die in der besten Tour enthalten sind. Dadurch suchen die Ameisen vermehrt in der Nähe der besten Tour nach neuen Wegen.

Die **Pheromon-Update-Regel bei ASC** lautet somit:

$$\tau_{ij}(t) \leftarrow (1-p)\cdot\tau_{ij}(t) + \rho\cdot\Delta\tau_{ij}(t)\ ^{25}$$

wobei die Kante *(i,j)* zu der besten Tour gehören muss. ρ stellt den Faktor der Pheromonverdampfung je Iteration dar.

---

[25] Bonabeau, E.; Dorigo, M.; Theraulaz, G. (1999), S.49

$\Delta\tau_{ij}(t)$ berechnet sich Folgendermaßen: $\Delta\tau_{ij}(t) = (1/L^*)$, wobei L^* die Länge der optimalen Tour bezeichnet.

Im Gegenzug dazu, wird jedes Mal wenn eine Ameise k von einem Knoten i zu Knoten j wandert, die Pheromonmenge der Kante (i,j) verringert.

Dadurch soll vermieden werden, dass eine Mehrzahl der Ameisen suboptimale Pfade nutzt und der Algorithmus in einem lokalen Optimum stagniert.

Die dritte Änderung bei ASC betrifft eine lokale statische Liste (Kandidaten-Liste). Dabei werden zu einem gegebenen Knoten die Nachbarknoten in der Reihenfolge größerer Entfernung gespeichert. Befindet sich eine Ameise k an einem Knoten i, werden zuerst die Knoten j berücksichtigt, die in der Kandidatenliste enthalten sind. Erst wenn die Kandidatenliste leer ist, wird jener Knoten aus der Menge der noch nicht besuchten Knoten ausgewählt, der die geringste Entfernung zum Knoten i hat.

In der Literatur finden sich zusätzliche Erweiterungen des AS (siehe Abbildung 6).

ACO Algorithms: Overview

ACO algorithm	Authors	Year	TSP
Ant System	Dorigo, Maniezzo & Coloni	1991	yes
Elitist AS	Dorigo	1992	yes
Ant-Q	Gambardella & Dorigo	1995	yes
Ant Colony System	Dorigo & Gambardella	1996	yes
MMAS	Stützle & Hoos	1996	yes
Rank-based AS	Bullnheimer, Hartl & Strauss	1997	yes
ANTS	Maniezzo	1998	no
Best-Worst AS	Cordón, et al.	2000	yes
Hyper-cube ACO	Blum, Roli, Dorigo	2001	no

Abbildung 6: ACO Algorithmen, Überblick über den Namen, den Autor, das Jahr und die Kompatibilität des Algorithmus auf das TSP (Quelle: In Anlehnung an Dorigo M, Stützle T. (2009), S.10)

5   Konzeption und Umsetzung eines didaktischen Beispiels

5.1   Modellierung

Anhand eines didaktischen Beispiels soll die Lösung durch die ACO Metaheuristik für das Problem des Handlungsreisenden veranschaulicht werden. Damit die ACO angewendet werden kann, muss das genannte Problem in eine Darstellung überführt werden, die es den künstlichen Ameisen ermöglicht, Lösungen zu konstruieren.

Im Folgenden wird im ersten Schritt anhand eines selbst gewählten Beispiels das Problem des Handlungsreisenden aufgezeigt und mit dem grundlegenden ACO Algorithmus Ant System manuell berechnet und gelöst. Ziel ist es, dabei die Parameter des Algorithmus und deren Auswirkungen auf die Lösung zu veranschaulichen.

Für das Modell sind folgende Parameter notwendig, die im Laufe des Beispiels definiert werden:

- Anzahl der Städte: n
- Startort der Ameisen
- Anzahl der Ameisen: m
- Wahl der „Duftintensität" der Pheromonspur: τ_{ij}
- Anzahl der Iterationen: t-max
- Pheromonverdunstung: ρ
- Distanz zur nächstgelegenen Stadt: d_{ij}
- Gesamtlänge einer Tour: C

Abbildung 7: Parameterdefinition (Quelle: Eigene Darstellung)

In Abbildung 8 ist ein einfaches TSP Problem in Form eines Graphen G dargestellt, welcher bestimmte vordefinierte Wege von der Anfangs- zur Zielstadt vorsieht. Bei dem Graphen $G = (C, L)$ stellen die Komponenten C die Städte und L alle möglichen Verbindungen zwischen ihnen dar.[26]

---

[26] Dorigo und Stützle (2004), S.67

16

In diesem Beispiel sollen die Städte A, B, C und D genau einmal besucht werden. Die Knoten bilden dabei die zu besuchenden Städte ab; die Kanten die Strecken zwischen den Städten Die Strecke einer jeweiligen Lösung ergibt sich durch die Gewichtung der Kanten des Weges im Graphen. Das Ziel ist es nun, einen Weg minimaler Strecke durch den Graphen zu finden.

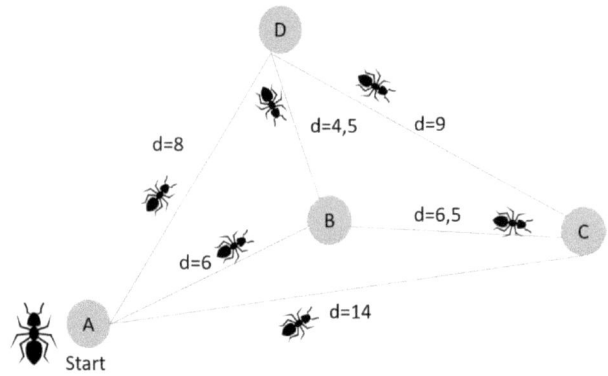

Abbildung 8: Einfaches TSP-Beispiel mit 4 Städten (Quelle: Eigene Darstellung)

In dem Beispiel handelt es sich um ein symmetrisches TSP, was bedeutet, dass die Entfernung zwischen den Städten A und B genauso groß ist wie die Entfernung von B zu A: $d_{AB} = d_{BA}$, gleiches gilt für die übrigen Städte.

Der Pheromonwert τ_{ij} ist den Kanten des Graphen zugeordnet. Er gibt an, wie erstrebenswert es ist, von Stadt i zu Stadt j zu wandern (siehe Abbildung 4). Zusätzlich geben die heuristischen Informationen $\eta_{ij} = \frac{1}{d_{ij}}$ die Wahrscheinlichkeit an, die Stadt j nach der Stadt i zu besuchen, umgekehrt zum Abstand d_{ij} an[27]. In Abbildung 9 lässt sich erschließen, dass die Wahrscheinlichkeit umso höher ist, je niedriger die Distanz zwischen zwei Städten ist. Da die Entfernung zwischen den Städten bekannt ist, lassen sich die heuristischen Informationen berechnen:

---

[27] Dorigo und Stützle (2004), S.67

$$\eta_{AB} = \frac{1}{d_{AB}} = \frac{1}{6} \approx 0,16\overline{6} \approx 16\%$$

$$\eta_{AC} = \frac{1}{d_{AC}} = \frac{1}{14} \approx 0,071 \approx 7\%$$

$$\eta_{AD} = \frac{1}{d_{AD}} = \frac{1}{8} = 0,125 \approx 12\%$$

$$\eta_{BC} = \frac{1}{d_{BC}} = \frac{1}{6,5} \approx 0,153 \approx 15\%$$

$$\eta_{BD} = \frac{1}{d_{BD}} = \frac{1}{4,5} \approx 0,2\overline{2} \approx 22\%$$

$$\eta_{CD} = \frac{1}{d_{CD}} = \frac{1}{9} \approx 0,1\overline{1} \approx 11\%$$

Abbildung 9: Heuristische Informationen, berechnet (Quelle: Eigene Darstellung)

Das Ant System beinhaltet zwei Phasen: Zuerst werden die Lösungen konstruiert, danach werden Pheromone verteilt und heuristische Informationen genutzt um eine Tour zu erzeugen.[28]

Es wird empfohlen, die Pheromonspuren zu Beginn so zu initialisieren, dass die Menge der Pheromone ein wenig höher liegt, als die erwartete Menge der Pheromone, die die Ants in einem Durchgang verteilt hätten. Um dies zu erreichen werden die Pheromonspuren wie folgt initialisiert:

$$\forall(i,j), \tau_{ij} = \tau_0 = \frac{m}{C^{nm}}$$

Dabei gibt m die Anzahl der Ants, und C^{nm} die Länge einer Tour an. Beim TSP bietet es sich an, von einem Standpunkt aus den nächsten Nachbarn zu wählen, welcher von allen möglichen Folgestädten die kürzeste Entfernung f aufweist.

Bzgl. des Beispiels in Abbildung 8 wäre mit solch einer Heuristik die kürzeste Tour mit A als Startpunkt:

$$A \rightarrow B \rightarrow D \rightarrow C$$

Was einer Länge von $C^{nm} = 6 + 4,5 + 9 = 19,5$ entspricht. Dorigo empfiehlt genauso viel Ants in einem Durchgang loszuschicken, wie es Städte gibt.[29] In dem Beispiel in

---

[28] Dorigo und Stützle (2004), S.67

Abbildung 8 sind vier Städte abgebildet, dadurch ergibt sich die initiale Pheromonkonzentration zu:

$$\tau_0 = \frac{4}{19,5} \approx 0,20$$

Diese Menge wird zu Beginn jeder Kante zugeordnet. Durch die initiale Pheromonmenge soll verhindert werden, dass sich die Ants auf die zuerst konstruierten Touren konzentrieren und sich somit in einem lokalen Optimum verirren.

Gleichzeitig ist eine zu hohe Pheromonkonzentration zu Beginn zu vermeiden, da es ansonsten zu lange dauert, bis die ursprünglichen Spuren verdampft sind.

Nachdem die Pheromonspuren auf den Kanten verteilt wurden, beginnt die erste Phase des AS: die Konstruktion von Lösungen durch die Ants. Steht eine Ant k an einer Stadt i berechnet sich die Wahrscheinlichkeit, dass die Ant zur Stadt j wechselt wie folgt:

$$p_{ij}^k = \frac{[\tau_{ij}]^\alpha * [\eta_{ij}]^\beta}{\sum l \epsilon N_i^k \left([\tau_{ij}]^\alpha * [\eta_{ij}]^\beta \right)}$$

Formel 4: Wahrscheinlichkeit für den Wechsel von Stadt i zu Stadt j

Hierbei muss die Stadt j in N_i^k enthalten sein. N_i^k ist dabei die Nachbarschaft i der Ameise k, das bedeutet eine Menge an Städten, die die Ameise als nächstes besuchen kann. Das entspricht im Falle des TSP der Menge der Städte, welche Ant k noch nicht besucht hat. Die Gewichtung zwischen den Pheromonspuren und den heuristischen Informationen werden über die Parameter α und β gesteuert. Ist der Wert von α größer, wirken sich die Pheromonspuren stärker als die heuristischen Informationen auf das Ergebnis aus. Angenommen im Beispiel von Abbildung 8 seien die Parameter α und β gleich 1. Dieser Wert bei α erzielt nach Dorigo et al. Ergebnisse mit guter Performance.[30] Nach der Initialisierung der Pheromonspur startet die erste Ant in Stadt A, die Städte, die besucht werden können sind B, C oder D.

---

[29] Bonabeau, E.; Dorigo, M.; Theraulaz, G. (1999), S.44
[30] Dorigo M., Stützle T. (2004), S.71

Es sind noch keine weiteren Pheromonspuren nach der Initialisierungsphase verteilt worden, also gilt der Pheromonwert für jede Stadt τ_0:

$$\tau_{AB} = \tau_{AC} = \tau_{AD} = 0{,}20$$

Die heuristischen Informationen sind Abbildung 9 zu entnehmen. Die Wahrscheinlichkeiten für den Wechsel von Stadt A zu Stadt B berechnet sich gemäß *Formel 4* wie folgt:

$$P_{AB} = \frac{[\tau_{AB}]^1 [\eta_{AB}]^1}{\sum l \epsilon N_t^k [\tau_{Al}]^1 [\eta_{Al}]^1} = \frac{0{,}20*0{,}16\overline{6}}{(0{,}20*0{,}16\overline{6})+(0{,}20*0{,}071)+(0{,}20*0{,}125)} \approx 0{,}46$$

gleiches gilt für:

$$P_{AC} = \frac{0{,}20*0{,}071}{(0{,}20*0{,}16\overline{6})+(0{,}20*0{,}071)+(0{,}20*0{,}125)} \approx 0{,}2$$

$$P_{AD} = \frac{0{,}20*0{,}125}{(0{,}20*0{,}16\overline{6})+(0{,}20*0{,}071)+(0{,}20*0{,}125)} \approx 0{,}34$$

Man erkennt, dass die Wahrscheinlichkeit für einen Wechsel von Stadt A nach B mit 46% am höchsten liegt, da die Distanz hierbei am geringsten ist und die Pheromone bisher alle gleich verteilt sind. Die Wahrscheinlichkeit, dass die Ant von A nach C wechselt beträgt 20%, von A nach D 34%. Die Formel 1 besagt, dass für jeden möglichen Schritt eine Wahrscheinlichkeit von 0 und 1 herrscht. Kumuliert ergibt sich somit die Wahrscheinlichkeit für einen Wechsel zu 100%. (siehe Abbildung 5)

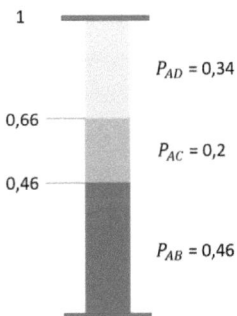

Abbildung 10: Kumulierte Wahrscheinlichkeiten (Quelle: Eigene Darstellung)

Nachdem die Ants die Touren fertig gestellt haben, wird die zweite Phase des Algorithmus gestartet: die *Pheromon-Update-Regel*. Dazu wird der Pheromongehalt auf allen Kanten verringert. Dies entspricht, analog der Natur, dem Verdampfen der Pheromone. Die Formel für die Pheromonverdampfung lautet wie folgt:

$$\tau_{ij} \leftarrow (1 - \rho)\,\tau_{ij}, \ \forall (i,j) \in L$$

Das heißt, auf allen Kanten wird die Menge an Pheromonen um einen bestimmten Prozentsatz vermindert. Dies kann mit der Verdampfungsrate ρ angegeben werden.

Sei $\rho = 0{,}75$ nach dem ersten Durchlauf, so würde sich der Pheromongehalt auf allen Kanten auf

$$\tau_{ij} = (1 - 0{,}75) * 0{,}20 = 0{,}05$$

verringern. Auf den Kanten, die die Ants passiert haben, werden die Pheromone hingegen verstärkt:

$$\tau_{ij} \leftarrow \tau_{ij} + \sum_{k=1}^{m} \Delta\tau_{ij}^{k} \quad [31]$$

Δ_{ij}^{k} gibt dabei die Menge an Pheromon an, die die Ant $\underline{k}$ auf der Kante ij verteilt:

$$\Delta\tau_{ij}^{k} = \begin{cases} \frac{1}{C^{k}} & \text{, wenn die Kante}(i,j) \text{ zu } T^{k} \text{ gehört} \\ 0 & \text{, ansonsten} \end{cases}$$

C^{k} stellt die Länge der Strecke T^{k} dar, welche von der Ant k überquert wurde. Je kürzer dabei die Strecke ist, desto mehr Pheromone werden verteilt. Nehmen wir an, die Ant hat in dem Beispiel in Abbildung 8 in der ersten Iteration die Strecke A→B→C→D gewählt, so verteilt sie die Pheromone auf den Kanten: $\tau_{AB}, \tau_{BC}, \tau_{CD}$. Diese Strecke weist eine Gesamtlänge von C = 6 + 6,5 + 9 = 21,5 auf.

Es ergibt sich somit:

$$\Delta\tau = \frac{1}{C} = \frac{1}{21{,}5} \approx 0{,}046$$

Somit erhöht sich auf den überquerten Kanten AB, BC, CD die Pheromonmenge auf:

---

[31] Dorigo M., Stützle T. (2004), S.72

$$\tau_{AB=}\tau_{BC=}\tau_{CD=}\ 0{,}05^{32} + 0{,}046 = 0{,}096$$

Die überquerten Kanten haben somit nun eine erhöhte Wahrscheinlichkeit gegenüber den restlichen nicht überquerten Kanten (Pheromonwert hierbei: 0,05) beim nächsten Durchlauf überquert zu werden.

Nach weiteren Iterationen kann sich der Pheromongehalt weiter erhöhen, falls andere Ants diese Kanten benutzen und dadurch ebenfalls Pheromone hinterlassen.

5.2   Umsetzung des Beispiels in einen Algorithmus

Der Ameisenalgorithmus wurde zur Umsetzung bzw. Implementierung mit der Software MATLAB (Version 9.2) getestet. Diese Software ist für die Lösung mathematischer Probleme und die grafische Darstellung zuständig.[33] Zur Lösung wurde der Algorithmus von Yarpiz[34] verwendet; es wurden die entsprechenden Parameter auf das Beispiel von Kapitel 5.1 angepasst. Zuerst wurde Abbildung 7 in ein XY-Koordinatenfeld eingebettet, da die Standorte der Städte mithilfe der XY-Achse bei dem Algorithmus angegeben werden.

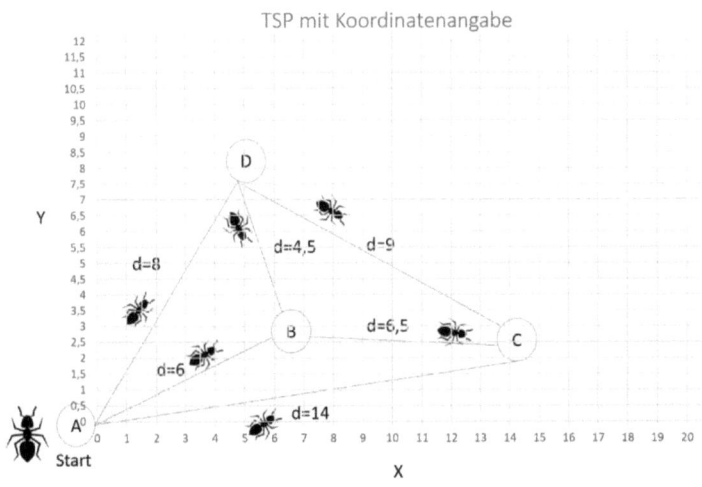

Abbildung 11: Umsetzung von Beispiel 5.1 in ein Koordinatensystem (Quelle: Eigene Darstellung)

---

[32] Pheromonwert nach der ersten Verdunstung
[33] Benker, H. (2010), S.14
[34] Ant Colony Optimization (ACO) - File Exchange - MATLAB Central

Dadurch wurden folgende Koordinaten eingegeben:

```
x=[0 5 6.5 14];

y=[0 7.5 3 2.0];
```

Wobei die erste x-und y-Koordinatenangabe dem Standpunkt von Stadt A entspricht, die zweite x-y Koordinatenangabe dem von Standpunkt von Stadt B usw.[35] Die Werte sind dabei näherungsweise angegeben, da das Hauptaugenmerk auf der Visualisierung des Problems liegt. Die in Abbildung 7 nötigen Parameter wurden mit den Angaben aus dem Beispiel implementiert (siehe Abbildung 12).

ACO Parameters

```
MaxIt=50;        % Maximum Number of Iterations

nAnt=4;          % Number of Ants (Population Size)

Q=1;

tau0=10*Q/(nVar*mean(model.D(:)));        % Initial Phromone

alpha=1;         % Phromone Exponential Weight
beta=1;          % Heuristic Exponential Weight

rho=0.75;        % Evaporation Rate
```

Abbildung 12: ACO Parameterangabe im Algorithmus (Quelle: Eigene Darstellung, aus MATLAB)

Die maximalen Iterationen wurden auf 50 gesetzt, bei größeren Travelling Salesman Problemen ist es empfehlenswert den Wert höher zu setzen, da häufig erst nach mehreren Iterationen die beste Lösung gefunden wird.

Ergebnis

Das beste Ergebnis, sprich die Tour mit der kürzesten Strecke wurde bereits in der ersten Iteration gefunden; was auch durch die kleine Menge an möglichen Städten zu begründen ist.

---

[35]Koordinatenangaben der Städte: A(0,0), B(5,7.5),C(6.5,3), D(14,0)

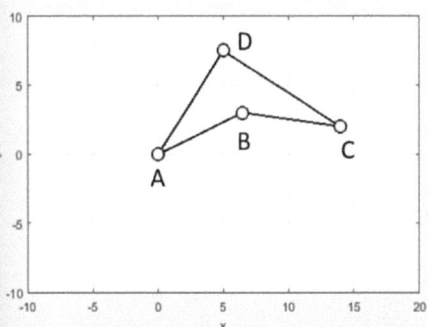 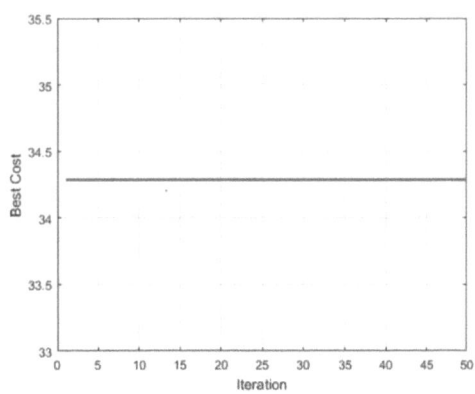

Abbildung 13: Ergebnisse aus MATLAB (Quelle: Eigene Darstellung)[36]

Die kürzeste Tour lautet: B→A→D→C→B[37] und ist mit einer Gesamtstrecke von 34.2867 Einheiten bewertet. Die Startstadt wird durch den Algorithmus selbst bestimmt, da diese auch Auswirkung auf die optimale Tour hat.

5.3 Implementierung eines weiteren TSP

Zu Demonstrationszwecken wurde noch ein weiteres, selbst gewähltes Beispiel implementiert, wobei die Städteanzahl auf 11 erhöht wurde. Die Koordinaten lauten folgendermaßen:

```
x=[0 5 6.5 14 1 3 4 5 6 10 8];

y=[0 7.5 3 2.0 2 3 4 5 6 5 8];
```

Abbildung 14: Koordinaten von 11 Städten (Quelle: Eigene Darstellung, aus MATLAB)

1.Versuch

Im ersten Durchlauf wurden die Werte ebenfalls nach den Empfehlungen von Dorigo et al. angepasst. Es wurden somit die gleiche Anzahl an Ameisen eingesetzt wie Städte

---

[36] Die Bezeichnung der Städte (A, B, C, D) wurden manuell im Bild hinzugefügt, die Städte sind im Programm lediglich als Punkte, mittels Koordinaten, dargestellt.
[37] Im Algorithmus angegeben als: 2→1→4→3→2

vorhanden sind (nAnt =11). α und β wurden auf 1 gesetzt, und die Evaporationsrate auf 75% (rho =0,75). Die Iterationen wurden auch hier auf maximal 50 gesetzt.

Ergebnis

Die kürzeste Tour wurde in der fünften Iteration gefunden; die Strecke beträgt 36.8898 Einheiten. Die Reihenfolge der Städte lautet:

$$2 \to 9 \to 8 \to 7 \to 6 \to 5 \to 1 \to 3 \to 4 \to 10 \to 11 \to 2$$

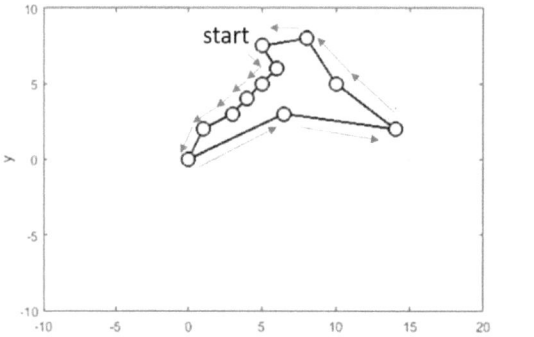 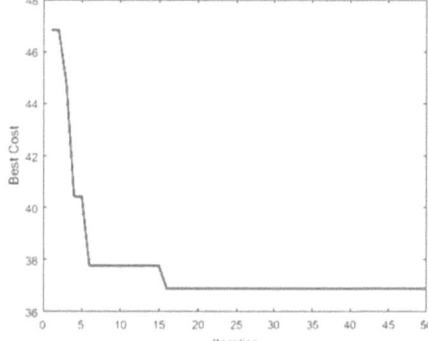

Abbildung 15: Ergebnisse aus MATLAB bei einem TSP mit 11 Städten im 1.Versuch
(Quelle: Eigene Darstellung, aus MATLAB)[38]

Auch nach mehreren Durchläufen wird diese Reihenfolge der Städte als die Kürzeste ausgegeben. In welcher Iteration die kürzeste Tour ausgegeben wird kann jedoch, aufgrund von der momentanen Rechenleistung, variieren.

2.Versuch

In diesem Versuch wurden alle Parameterwerte soweit beibehalten, bis auf den Wert von α, welcher die Pheromonwerte auf den Kanten widergibt. Dieser Wert wurde auf 2 erhöht. Da dieser Wert den Wert von $\beta = 1$ dominiert, werden die Erfahrungen der Ameisen die Auswahl der Tour eher beeinflussen, als die heuristischen Informationen,

---

[38] „Start" und die blauen Pfeile im linken Bild wurden zur Verständlichkeit manuell eingefügt.

welcher der Wert β widerspiegelt[39]. In dem Versuch wurde die kürzeste Tour in der fünften Iteration gefunden, diesmal ist die Tour jedoch mit der Länge von 40.476 Einheiten länger als im ersten Versuch. Interessant ist dabei, dass in einem zweiten Durchlauf des Algorithmus ein anderes Ergebnis herauskommt, als beim ersten Durchlauf. Hierbei hat sich die Tourlänge sogar verschlechtert und es kam eine Gesamttour von 40.8752 Einheiten heraus. In weiteren Durchläufen variierten die Ergebnisse weiterhin (siehe Abbildung 14). Dies lässt darauf schließen, dass die Pheromonspuren zu lange brauchen, um zu verdunsten und sich dadurch diejenigen Wege etablieren, die zu Beginn gewählt werden. Der Algorithmus verläuft in diesem Fall rein zufallsgesteuert und es kann nicht sichergegangen werden, dass die ausgewählte Tour die optimale ist.

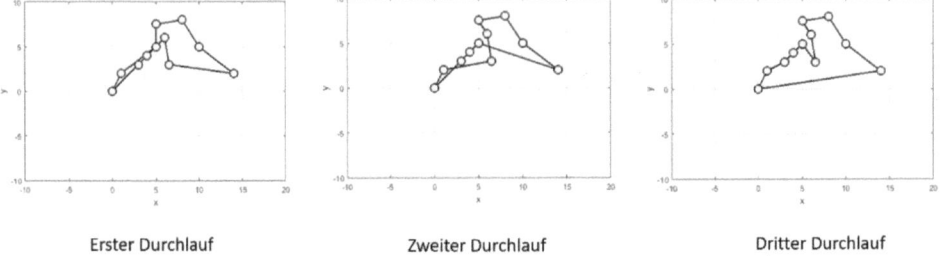

Erster Durchlauf   Zweiter Durchlauf   Dritter Durchlauf

Abbildung 16: Ergebnisse aus MATLAB in mehreren Durchläufen (Quelle: Eigene Darstellung)

5.4   Evaluation des ACO-Algorithmus

Die Suche nach der besten Lösung ist mit dem Algorithmus effektiv aufgrund dessen, dass Teilergebnisse für die Suche verwendet werden und dennoch ein großer Suchraum abgedeckt wird. Durch die heuristischen Informationen ist der Algorithmus des Weiteren nicht rein zufallsgesteuert. Der Algorithmus ist in der Lage sich auch auf dynamische Problemstellungen anzupassen. Falls jedoch die bereits verteilte Pheromonkonzentration auf den bereits existierenden Kanten zu stark ist, ist es möglich, dass Veränderungen in Form von neu hinzugefügten Knoten nicht attraktiv genug sind, sodass diese von den Ants nicht berücksichtigt werden. Dieses Verhalten ist analog zu dem aus der Natur. Dies zeigte ein Experiment von Goss et al. 1989: Im Anfangszustand ist ein

---

[39] Zur Erinnerung: Ist $\alpha = 0$, fallen die Erfahrungswerte durch die Pheromonspuren weg, und der Algorithmus wird zu einem klassischen, stochastischen Algorithmus.

Ameisennest nur durch einen längeren Zweig mit der Nahrungsquelle verbunden, der zweite, kürzere Zweig wird erst nach einer Weile hinzugefügt. Die meisten Ameisen folgen aufgrund der hohen Pheromonkonzentration auf dem längeren Pfad auch weiterhin diesem. Es muss berücksichtigt werden, dass ACO-Algorithmen nur bei speziellen Problemgruppen implementierbar sind. Für die Anwendung eines ACO muss sich um ein kombinatorisches Optimierungsproblem handeln.[40] Das Problem muss sich als Graphen darstellen lassen, auf dem Lösungen konstruierbar sind.

Ähnlich der meisten heuristischen Optimierungsverfahren, stellt auch bei ACO Algorithmen die richtige Konfiguration der verwendeten Parameter einen entscheidenden Erfolgsfaktor für das Verfahren dar. Schon eine kleine Anpassung z.b. der α- und β-Werten kann zu grundlegend verschiedenen Touren führen (siehe Kapitel 5.3). Die passende Einstellung manuell[41] zu finden, stellt eine komplexe Aufgabe dar.

Die Zeitkomplexität des Ant System beträgt $O(t * n^3)$[42], wenn die Anzahl an Ameisen gleich der Anzahl an Städten entspricht. Vergleichbar mit anderen allgemeinen heuristischen Suchverfahren zeigt, dass AS für kleine bis mittelgroße TSP (30-70 Städte) ähnliche oder bessere Lösungen liefert. (siehe Abbildung 17)

	Best tour	Average	Std. Dev.
AS-TSP	420	420.4	1.3
TS	420	420.6	1.5
SA	422	459.8	25.1

Abbildung 17: Ant System Algorithmus im Vergleich zu Tabu Search (TS) und Simulated Annealing (SA) (Quelle: Dorigo et al. (1999), S.46), Test Problem: Oliver30[43])

Die Performance des AS für das Travelling Salesman Problem mindert sich ab einer Größe von ca. 70 Städten, d.h. die optimale Lösung erst nach sehr vielen Iterationen gefunden wird. Der Grund dafür liegt darin, dass AS nicht zielgerichtet auf die optimale

---

[40] Vgl. Kruse et al. (2015), S.233
[41] D.h. „per Hand"
[42] Sudholt, D.; Thyssen, C. (2012)
[43] Dabei handelt es sich um ein TSP Beispiel der Standardbibliothek TSPLIB. Die Standardrouten werden häufig herangezogen, um Ergebnisse mit anderen Algorithmen für dieselbe Route vergleichen zu können. Zu finden unter: https://www.iwr.uni-heidelberg.de/groups/comopt/software/TSPLIB95/

Tour zustrebt. Beispielsweise hat sich gezeigt, dass die Anzahl der genutzten Kanten je Stadt auch nach 3000 Iterationen bei einem TPS von 30 Städten noch größer ist als 5. Die Erweiterungen bei ASC erhöhen die Performance des Algorithmus. Die Pheromon - Update -Regel von ASC besagt, dass nur Pheromon auf den Kanten der besten Lösung abgelegt wird. Die Pheromonmenge hängt somit vom Rang der Lösung ab. Die Wahl der Pheromonmenge beschränkt dabei die Phermonmenge auf den Kanten. Dies führt zu einer Maximalwahrscheinlichkeit für die Wahl einer Kante und damit zu einer besseren Erforschung des Suchraums. Durch die beschränkte Verringerung der Pheromone auf den bereits benutzten Kanten in jeder Iteration, konvergiert die Lösung nicht auf dem gleichen Pfad. Das heißt, die Wahrscheinlichkeit erhöht sich, dass die Ants alternative Wege suchen und somit womöglich eine kürzere Tour gefunden wird. Durch die Einführung einer Kandidaten Liste, welche die bevorzugten Städte von einer Stadt aus enthält[44], wird die Lösung von größeren TSP[45] performanter als bei AS. Denn, statt alle Nachbarstädte einer Stadt i auswählen zu können, werden zuerst die Städte ausgewählt, die noch nicht besucht wurden.

Dorigo et al. haben einen Vergleich des ACS zu anderen Algorithmen durchgeführt, wobei ACS in den meisten Fällen die beste Lösung erzielen konnte.

	ACS-TSP	SA	EN	SOM
City set 1 (50-city problem)	**5.88**	**5.88**	5.98	6.06
City set 2 (50-city problem)	6.05	**6.01**	6.03	6.25
City set 3 (50-city problem)	**5.58**	5.65	5.70	5.83
City set 4 (50-city problem)	**5.74**	5.81	5.86	5.87
City set 5 (50-city problem)	**6.18**	6.33	6.49	6.70

Abbildung 18: Vergleich der Performance von ASC mit anderen Algorithmen (Durchschnittliche Länge einer Tour in 25 Durchläufen) (Quelle: Bonabeau, E.; Dorigo, M.; Theraulaz, G. (1999), S.50)

---

[44] Die Städte in der Kandidaten Liste sind nach aufsteigender Distanz geordnet.
[45] TSP mit > 75 Städten

6   Resümee

Das Ziel dieser Arbeit stellt die Konzeption und Umsetzung eines didaktischen Beispiels für einen schwarmbasierten Algorithmus in der Tourenplanung dar. Das in den letzten Jahren häufig untersuchte Verhalten von Ameisen bei der Futtersuche diente dabei als Gegenstand dieser Arbeit, da durch das kollektive Verhalten der Ameisen stets der kürzeste Weg von dem Nest zu der Futterquelle gefunden wird. Dieses Verhalten weckte nicht nur das Interesse von Wissenschaftlern, auch wurde eine Anwendung für Problemstellungen in der Informatik gefunden. Dorigo et al. entwarf als Erster dazu den Ameisenalgorithmus, der zur Lösung von Optimierungsproblemen herangezogen werden kann. Das Finden des kürzesten Weges stellt in der Tourenplanung sehr häufig das Zielkriterium dar, weshalb sich der Ameisenalgorithmus leicht verständlich auf diese Problemklasse anwenden lässt. Zur Konzeption und Umsetzung des Ameisenalgorithmus wurde das wohl am häufig betrachtete Tourenplanungsproblem herangezogen: das Problem des Handlungsreisenden. Nach der Beschreibung der Futtersuche bei natürlichen Ameisen, folgte die Übersetzung der natürlichen Begebenheiten in einen Algorithmus mit künstlichen Ameisen. In der Konzeption des didaktischen Beispiels wurde zunächst das Ameisenverfahren mit selbst definierten Parametern erläutert. Dazu wurden die Parameterwerte manuell berechnet, um die Auswirkungen auf die Wahl der kürzesten Tour sichtbar zu machen. In der Konzeption hat sich ergeben, dass die lokalen Informationen einen wichtigen Einfluss auf die Entscheidung haben, welche Stadt als nächstes angesteuert wird. Die lokalen Informationen stehen dabei für die Distanzen zwischen den einzelnen Städten. Beachtet werden muss dabei, dass das Wissen über die lokalen Informationen obligatorisch für die Konzeption ist. Ist die lokale und globale Information gleich gewichtet, d.h. Pheromonspuren und die Distanzen zwischen den Städten haben gleichermaßen Einfluss auf die Wahl der nächsten Stadt, so ist die Wahrscheinlichkeit für einen Wechsel zu der Stadt mit der geringsten Distanz zur Ausgangsstadt am höchsten. In der Umsetzung bzw. Implementierung wurde festgestellt, dass bei einer Erhöhung des Parameters für die Pheromone auf den Kanten[46], die lokalen Informationen in den Hintergrund gelangen, und dass die Gefahr steigt, dass die Lösung in einem lokalen Optimum stagniert. Die Wahl des richtigen Verhältnisses zwischen den

---

[46] Formal ausgedrückt mit dem Parameter α

gegebenen Parametern hat also einen entscheidenden Einfluss auf den Erfolg des Algorithmus.

Bei größeren TSP Problemen (ab 75 Städten) verschlechtert sich die Performance bezüglich Rechenzeit und Länge der Tour des ersten entwickelten Algorithmus nach dem Ameisenprinzip Ant System im Vergleich zu anderen Algorithmen. Der verbesserte Algorithmus Ant Colony System (ACS) schneidet hingegen bezüglich Qualität der Lösung und CPU-Zeit im Vergleich zu anderen Algorithmen am besten ab. Dies ist auf den Anpassungen des AS zu begründen. Der erweiterte Algorithmus zielt gerichteter auf die optimale Lösung ab, als der Basisalgorithmus AS.

Die Thematik dieser Arbeit stellt bis heute ein sehr aktuelles Thema dar. Das Konzept der Ameisen, stets den kürzesten Weg zu finden, lässt sich auf viele praktische Anwendungen übertragen. Das Verfahren als Algorithmus kann z.b. das Erkunden einer neuen Stadt mit mehreren Anhaltspunkten bearbeiten. Die Entwicklung von Ameisenalgorithmen ist nach wie vor in Bearbeitung, da hier weitere noch unausgeschöpfte Ressourcen der Verbesserungen für spezifische Problemstellung vermutet werden.

Literaturverzeichnis

Ant Colony Optimization (ACO) - File Exchange - MATLAB Central. Online verfügbar unter https://de.mathworks.com/matlabcentral/fileexchange/52859-ant-colony-optimization--aco-?focused=5305364&tab=function, zuletzt geprüft am 18.05.2017.

Benker, H. (2010): Ingenieurmathematik kompakt – Problemlösungen mit MATLAB. Einstieg und Nachschlagewerk für Ingenieure und Naturwissenschaftler: Springer Berlin Heidelberg. Online verfügbar unter https://books.google.de/books?id=qwweBAAAQBAJ.

Bonabeau, Eric.; Dorigo, Marco.; Theraulaz, Guy.: Swarm Intelligence : From Natural to Artificial Systems.

Büsing, C. (2010): Graphen- und Netzwerkoptimierung: Spektrum Akademischer Verlag. Online verfügbar unter https://books.google.de/books?id=ESspBAAAQBAJ.

com, Wirtschaftslexikon24 (2017): kombinatorische Optimierung - Wirtschaftslexikon. Online verfügbar unter http://www.wirtschaftslexikon24.com/d/kombinatorische-optimierung/kombinatorische-optimierung.htm, zuletzt aktualisiert am 13.05.2017, zuletzt geprüft am 14.05.2017.

Dorigo, M.; Stützle, T. (2004): Ant colony optimization. Cambridge Mass.: MIT Press, zuletzt geprüft am 23.04.2017.

Dorigo, M.; Stützle, T.(2006): Ant Colony Optimization: Overview and Recent Advances

Focke, Axel: Regionale Leistungs- und Krankenhausplanung: Ein Simulationsmodell auf Basis eines Ameisenalgorithmus, zuletzt geprüft am 13.04.2017.

Goss, S.; Aron, S.; Deneubourg, J. L.; Pasteels, J. M. (1989): Self-organized shortcuts in the Argentine ant. In: *Naturwissenschaften* 76 (12), S. 579–581. DOI: 10.1007/BF00462870.

Kruse, R.; Borgelt, C.; Braune, C.; Klawonn, F.; Moewes, C.; Steinbrecher, M. (2015): Computational Intelligence. Eine methodische Einführung in Künstliche Neuronale Netze, Evolutionäre Algorithmen, Fuzzy-Systeme und Bayes-Netze: Springer Fachmedien Wiesbaden. Online verfügbar unter https://books.google.de/books?id=X_jNCgAAQBAJ.

Kruse, R.; Borgelt, C.; Klawonn, F. (2011): Computational Intelligence. Eine methodische Einführung in künstliche neuronale Netze, evolutionäre Algorithmen, Fuzzy-Systeme und Bayes-Netze. Wiesbaden: Vieweg+Teubner.

Nöllke, M. (2008): Von Bienen und Leitwölfen. Strategien der Natur im Business nutzen: Haufe Lexware. Online verfügbar unter https://books.google.de/books?id=iAtBI34Cb_sC.

Rückel, B. (2014): Darstellung und Vergleich verschiedener Lösungsalgorithmen zur Optimierung eines Netzwerkproblems: Diplom.de. Online verfügbar unter https://books.google.de/books?id=EJqHDAAAQBAJ.

Sinnesorgane (Überblick) – Ameisenwiki (2015). Online verfügbar unter http://ameisenwiki.de/index.php/Sinnesorgane_(%C3%9Cberblick), zuletzt aktualisiert am 09.06.2015, zuletzt geprüft am 24.05.2017.

Sudholt, Dirk; Thyssen, Christian (2012): Running time analysis of Ant Colony Optimization for shortest path problems. In: *Journal of Discrete Algorithms* 10, S. 165–180. DOI: 10.1016/j.jda.2011.06.002.

S. Goss, S. Aron, J.L. Deneubourg, and J.M. Pasteels, "Self-organized shortcuts in the argentine ant," Naturwissenschaften, vol. 76, 1989.

Dr. Gietz, Martin. Computergestützte Tourenplanung mit zeitkritischen Restrik-tionen. Berlin Heidelberg: Springer Verlag, 1994.

Evolutionäre Algorithmen: Genetische Algorithmen - Strategien Und Optimierungsverfahren - Beispielanwendungen (Computational Intelligence). Springer, 2004.

Zülch, Gert. Integrationsaspekte der Simulation: Technik, Orgnisation und Personal, Karlsruhe, 7. und 8. Oktober 2010: Integration Aspects of Simulation: Equipment, Organization and Personnell (ASIM-Mitteilung). 2010.